L'ERRATA

DES JOURNAUX.

DU 1ᵉʳ AU 5 MAI 1815.

PAR M. A****,

CITOYEN DU CANTON DE BERNE.

> Certains journalistes ressemblent à
> ces chiens qui, étant élevés à aboyer
> contre les passans, finissent par
> aboyer même contre leur maitre.
>
> HUME.

PARIS,

PLANCHER, RUE SERPENTE, Nᵒ 14.

DÉZOIDE, LIBRAIRE, RUE CASTIGLIONE, Nᵒ 17.

1815.

DE L'IMPRIMERIE DE MADAME VEUVE JEUNEHOMME,
rue Hautefeuille, n°. 20.

L'ERRATA

DES JOURNAUX.

Je prie mes lecteurs de ne pas me confondre avec les faiseurs de gazettes ; je ne possède aucune des qualités qui les caractérisent. Cependant, quand je m'examine, je me trouve avoir avec eux quelques points d'imparfaite ressemblance ; comme eux je ne tiens en aucune manière, ni au gouvernement de Louis-Stanislas-Xavier, ni au gouvernement de Napoléon Bonaparte, et, comme eux, peu m'importe que la France soit régie par *Pierre* ou par *Guillaume*. Mais, et peut-être ne leur ressemblerai-je plus en cela, je voudrais qu'enfin la France fût heureuse, libre et tranquille. D'après cette profession de foi on doit penser que, n'étant guidé par aucun intérêt particulier, j'énoncerai mes opinions d'une manière indépendante.

Les gazetiers français encensent et déchirent tour à tour les mêmes hommes, suivant que le sort les élève ou les abaisse ; ils ont depuis vingt-cinq années écrit tant de sottises, tant de platitudes, tant de mensonges, qu'il faudrait avoir perdu la raison pour prétendre maintenant trouver LA VÉRITÉ dans leurs feuilles.

Il n'y a pas long-temps qu'un ministre du roi (1) a dit à la chambre des députés, que *les journalistes étaient à ceux qui leur donnaient le plus d'argent*. Les journalistes eux-mêmes ont avoué leur turpitude, puisque c'est par eux que nous avons appris que le budget de je ne sais quel ministre portait, au tableau des dépenses de son département, *tant* pour esprit public, et *tant* pour enthousiasme. Et tout le monde sait que les gazetiers sont de droit les entrepreneurs de l'esprit public.

Ces messieurs sont donc, de leur propre aveu, de simples colporteurs de nouvelles vraies ou fausses, bonnes ou mauvaises, des *aboyeurs à salaire compétent*, esclaves de ceux qui paient leur encre et leur papier, et flat-

---

(1) L'abbé de Montesquiou, ministre de l'intérieur, séance du 11 août 1814, discussion sur la liberté de la presse.

teurs de leurs maîtres, quelle que soit l'opinion de ceux-ci.

Aussi n'a-t-on pas été étonné de les voir, pendant l'année qui vient de s'écouler, faire la guerre la plus opiniâtre aux opinions les plus saines ; prétendre que les écrivains qui voulaient la liberté de la presse, étaient d'infâmes sicaires prêts à attenter aux jours du roi ; traiter d'assassins des hommes généralement estimés, et faire l'éloge des brigands les plus atroces, des chouans.

En Angleterre, les journaux forcent l'autorité à être juste ; en France ils applaudissent aux injustices de l'autorité, ils sont les colporteurs du mensonge et de la flatterie, quand ils devraient être les messagers de la Vérité.

Il n'y a pas long-temps qu'un homme qui, dans son écrit que j'ai sous les yeux, paraît être un bon Français (1), faisait la comparaison de nos folliculaires, avec les journalistes anglais. Après avoir fait l'apologie de ces derniers, voici comment il s'exprimait sur le compte des nôtres :

« En général, les journalistes ont été constamment en France, depuis la révolution, les organes de la calomnie, et les persécuteurs les plus déhontés de tous les hommes faibles, proscrits ou malheureux. Sans remonter à l'origine de nos troubles, à ces fatales époques qu'il est du devoir de tout bon Français d'ensevelir dans un silence profond, que d'injures et de proscriptions nos feuilles publiques n'ont-elles pas vomies contre les victimes du 13 vendémiaire du 18 fructidor, du 18 brumaire, victimes auxquelles les mêmes écrivains prodiguent maintenant les bénédictions et les éloges ? Ils ont été, pour la plupart, vils flatteurs de chaque nouveau ministre, de chaque révolution nouvelle ; successivement aux ordres et aux gages des dépositaires de la tyrannie, ils ont obéi à toutes ses impulsions, et célébré ses plus honteuses époques ; on les a vus servir le despotisme et la liberté par trimestre, prendre leurs opinions dans le porte-feuille d'un ministre, et puiser leur patrimoine dans son coffre ; car, l'hypocrisie du patriotisme a été le caractère distinctif de notre révolution ; et telles ont

____

(1) M. Maurice de Montgaillard. *De la Calomnie périodique*, septembre 1814.

été la corruption et la vénalité de certains journalistes ou écrivains, qu'il a été permis de les envisager comme une espèce de mobilier inventorié dans les bureaux, et qui passe, comme la griffe, d'un ministre à l'autre. »

Je suis loin de prétendre m'ériger en censeur des opinions émises librement ; j'estime tout homme qui a assez de caractère pour soutenir la sienne, surtout lorsqu'elle n'est pas l'opinion dominante. J'ai pour amis des patriotes, des napoléonistes, des bourbonistes ; je ne me brouillerai avec aucun d'eux ; et, dans le malheur commun, j'ai pour moi cette consolation que, si ceux que j'aime ne triomphent pas, je serai heureux du bonheur de mes amis qui auront triomphé.

Mais je reviens à mon titre. Les colonnes de nos journaux sont remplies par des écrivains à *tant* la page, peut-être même à tant l'*alinéa*, suivant le besoin du cadre ; et je me rangerais volontiers à cette dernière idée, vu la *bigarrure* de style que l'on remarque souvent dans une même colonne. Il n'est personne à Paris qui n'ait comparé nos feuilles publiques du 30 mars 1814 et du lendemain, du 20 mars 1815 et du lendemain, et qui n'ait applaudi à la dextérité avec laquelle nos gazetiers retournaient leurs livrées.

Cet esprit versatile les porte nécessairement à trahir tous les partis ; aussi les regarde-t-on, sous le règne de Louis XVIII, et sous le règne de Napoléon, comme des *conspirateurs sans conséquence*. Leur plus grand soin est de cacher les vérités utiles : à les en croire, l'esprit public est très-bon à Paris et dans toute la France, et Napoléon, pour éviter l'invasion de l'étranger, n'a pas besoin de sortir du palais des Tuileries ; à les en croire, il n'est pas un seul Français qui désire, pas un seul qui puisse désirer le retour des Bourbons ; pas un seul dont les acclamations, la joie, le bonheur, l'ivresse, l'enthousiasme ne s'élèvent jusqu'aux nues lorsque Napoléon daigne se montrer à sa croisée..... Misérables folliculaires ! menteurs insignes ! lisez vos feuilles du 15 au 20 mars ; lisez, que ce soit là votre supplice !

Je parle ici en général ; je sais qu'il existe des écrivains distingués qui fournissent des articles aux feuilles périodiques, mon intention n'est certainement pas de les blesser ; le seul but que je me propose est de relever quelques-unes des erreurs, des inepties qui se rencontrent dans nos journaux.

MONITEUR.

Il n'y a actuellement d'*officiel*, dans le *Moniteur*, que les décrets impériaux ; tout le reste de ses terribles colonnes se remplit au gré des rédacteurs. Ces messieurs se permettent parfois des fanfaronnades dignes du *Journal universel* que le fameux Châteaubriant fait imprimer à Gand. Dans le numéro du premier de ce mois, ils font précéder un extrait de l'*Observateur autrichien*, de cette réflexion anodine : « Nous *croyons curieux*, » disent-ils, nous *croyons curieux* de continuer à donner les articles que l'*Observateur autrichien*, qui » s'imprime à Vienne, publie afin d'*abuser* le public de » cette capitale (1) sur l'effrayante démarche où s'en» gage le gouvernement, DÉMARCHE QUI PROBABLEMENT » CREUSERA UN PRÉCIPICE SOUS LA MONARCHIE AUTRICHIENNE. » Voilà bien évidemment, de la part des rédacteurs du *Moniteur*, une déclaration de *guerre à outrance*; et il me semble déjà voir ces messieurs armés de leurs rapières et prenant la route de Vienne ; l'empereur d'Autriche, à la vérité, connaît les intentions pacifiques hautement manifestées par Napoléon, cela pourra le rassurer un peu.

Il s'est glissé une faute d'impression dans la même feuille du *Moniteur ;* elle annonce que le conseil municipal, la garde nationale, et les autres habitans DES DEUX SEXES de la commune de Cubjac en Périgord, ont voté une adresse. Les enfans, également DES DEUX SEXES, réclament contre cette énonciation, attendu qu'ils ont signé aussi : il faut convenir qu'il nous vient de bien bonnes choses du Périgord ! des dindons truffés, par exemple.

Le *Morning Chronicle* paraît être un *gobe-mouche* de la première espèce, et le *Moniteur* n'a rien de plus pressé que de copier ses balourdises sans correction. La feuille du 2 mai rapporte, comme extraits du *Morning Chronicle*, sous le titre de *Logique universelle*, les articles suivans :

« Après avoir régné paisiblement, Louis XVIII a été détrôné et chassé, *ergo* il est généralement aimé par ses anciens sujets. » *Errata :* il est vrai que Louis XVIII a régné paisiblement, il est faux qu'il ait été *chassé*; s'il était

---

(1) Aurions-nous, par hasard, fait à l'*Observateur autrichien* la *fourniture* de ses rédacteurs?

(7)

resté à Paris, il aurait été défendu ; il en est parti de son
propre mouvement, et son départ a été protégé même
par les soldats français, c'est une justice qui doit leur
être rendue. Il serait absurde de dire qu'il est généralement aimé, il est plus absurde encore de dire qu'il ne l'est
pas du tout, et c'est faire une injure à la nation; car on doit
convenir, avec un écrivain très-connu, et dont l'assertion
ne peut pas être révoquée, que, si les ministres ont commis des fautes sans nombre, *le roi a été constamment
noble, bon et sensible.*

« Pas une amorce n'a été brûlée pour défendre la cause
de Louis XVIII. » *Errata :* nous conseillons à MM. du
Morning Chronicle de s'abonner au *Moniteur*, et de se
procurer les détails des petites affaires qui ont eu lieu
dans le Midi.

Les autres propositions du *Morning* ne sont que la conséquence de celles que nous venons de rapporter.

JOURNAL DES DÉBATS.

L'éternel ennemi des philosophes du dix-huitième
siècle, et surtout de Voltaire, le *Journal des Débats*, devenu *Journal de l'Empire*, redevenu *Journal des Débats*, et
affublé de nouveau de son premier nom, se traîne encore
sur ses ruines, et probablement mourra bientôt de sa belle
mort. Redoutable lorsque Geoffroy présidait à sa rédac-
tion, il est devenu, par la mort de cet illustre critique,
aussi insignifiant que la *Gazette* et la feue *Quotidienne* ;
il répète servilement les articles du *Moniteur*, et s'il se
hasarde à donner quelques mots de son crû, c'est ordi-
nairement pour se jeter dans quelques bévues. Le premier mai, il a donné un article assez bien écrit, et que
l'on aurait lu, si son titre n'avait pas porté l'empreinte de
la partialité ; il était intitulé *Comparaison de l'ordonnance de réformation de Louis XVIII*, avec la constitution du 22 avril ; il eût été plus vrai de mettre *Comparaison de la charte constitutionnelle :* c'est le titre porté
par le bulletin des lois ; l'expression *Ordonnance de
réformation* est une sottise qui appartient au grand chan-
celier Dambray seul. Quand on veut se faire lire par les
gens sensés et raisonnables, il ne faut pas annoncer, dès
le début, que l'on n'écrit que pour les *passionnés.*

Chaque journal a fourni son tribut d'éloges, ou pour
mieux dire, de *flatteries* à l'Acte additionnel du 22

avril. M. de Sismondi qui, d'après son aveu, *nourrit son esprit de constitutions depuis plus de vingt ans,* a aussi donné son approbation à celle-ci. Malgré tous ces éloges, nous n'hésitons pas à dire que cette constitution a produit le plus mauvais effet..... Les esprits les plus modérés conviennent qu'elle tend à séparer le peuple du souverain ; les ennemis du trône y puisent les moyens d'exercer leur malignité ; les uns ont prétendu qu'elle n'offrait pas assez de garantie à la nation ; les autres l'attaquent dans sa base, et déclarent que son acceptation même est frappée de nullité radicale par les principes adoptés par le conseil d'état, et voici leur raisonnement. Le conseil d'état, disent-ils, a déclaré, à l'époque du retour de sa majesté, que son acte d'abdication, fût-il valable pour elle, était toujours nul à l'égard du roi de Rome, parce que sa majesté n'avait pas pu sacrifier les droits de son fils ; de même notre acceptation de l'Acte additionnel serait frappée de nullité à l'égard de nos enfans, attendu que nous ne pouvons pas renoncer pour eux au droit qui appartient à une nation d'hommes libres de se choisir un chef, et l'article 67 nous fait aliéner ce droit.

Nous ne sommes pas assez versés dans les connaissances du droit des peuples pour apprécier justement des raisons de cette importance.

LE NAIN JAUNE.

Ce petit journal a, depuis le 20 mars, gagné en niaiserie ce qu'il a perdu en malice ; il s'amuse actuellement à battre des gens déjà battus, ce qui n'est ni généreux ni loyal ; aussi a-t-il totalement perdu sa vogue. Il se traîne dans les cafés, et trouve à peine des lecteurs, même après le *Journal de Paris*, la *Gazette*, le *Journal général*, et autres feuilles insipides. Il n'y a pas de platitudes qu'il n'ait dites sur la maison du roi ; et dans son numéro d'aujourd'hui (5 mai), il se range à l'opinion que *la fidélité et le dévouement doivent être respectés, sous quelque bannière qu'on les rencontre.* Aussi ses rédacteurs commencent-ils à être accusés de *girouettisme......* Et à propos de l'ordre sublime de la Girouette, on se demande pourquoi le prince Talleyrand en a été nommé souverain grand-maître ? Sans sortir de Paris on aurait pu trouver de graves personnages pour cette place éminentissime. Messieurs du *Nain Jaune* ont sans doute voulu s'éviter l'embarras du choix. Toujours est-il maladroit à eux d'y avoir placé le prince de *Bienauvent*, uniquement parce que, par extraordinaire, et pour la première fois de sa vie, il n'a pas *girouetté*. Par la même raison, ils ont tort de placer dans cet ordre respectable le citoyen Victor Beausoleil.

Ce petit *Nain Jaune* donne des égratignures au *Patriote de 89*, et se prend de bec avec le pauvre *Journal général*, à qui il veut bien donner une leçon de grammaire ; à son tour le *Journal général* pourra bien lui donner une leçon de versification. On peut être fort bon Français, et n'avoir pas l'oreille juste ; mais il impossible d'écorcher les vers comme le fait le *Nain Jaune*, et de n'avoir pas de *longues oreilles*. Le *Nain Jaune* voudra bien faire la dépense d'un exemplaire de la tragédie de *Marius à Minturnes*, et corriger un vers qu'il a rapporté ainsi :

Le peuple fut toujours l'appui du grand homme.

LE PATRIOTE DE 89.

Le 1ᵉʳ mai a vu éclore trois nouveaux journaux ; l'*Aristarque*, dont on ne dit ni bien ni mal, et c'est le plus triste éloge qu'on puisse faire d'une gazette ; l'*Indépendant*, dont on ne vante pas l'*indépendance* ; et le *Patriote de 89* qui, dit-on, rapporte très-exactement le cours de la bourse.

Ce bon *Patriote*, dans son premier numéro, nous annonce que les *Désirés* font circuler un pamphlet, dans lequel ils reprochent à M. B. de C. d'avoir accepté le poste de conseiller d'état au lieu de *courir sus*, comme on le lui avait dit.

M. le *Patriote* est mal instruit ; on n'accuse pas M. B. de C. de n'avoir pas *couru sus*, AU CONTRAIRE. Il est bien surprenant que M. le *Patriote* n'ait pas lu un des trois pamphlets qui courent les rues depuis quinze jours, que l'on trouve chaque matin sous les portes cochères, et qui se vendent presque ouvertement. De ces trois pamphlets deux contiennent des injures adressées à M. B. de C. ; nous les avions, et nous les avons jetés au feu, parce que nous tenons pour principe, que tout ce qui est injurieux est méprisable, et que d'ailleurs, sans connaître personnellement M. B. de C., nous le croyons un homme très-estimable.

Le troisième de ces pamphlets est une pure plaisanterie ; on en fait dans ce moment à Paris, et peut-être dans les provinces, un objet de spéculation que nous regardons comme *indécent*. Nous croyons donc rendre service à M. B. de C. en arrêtant cette espèce de négoce, et en insérant ici ce prétendu pamphlet qui, vendu sous le manteau, serait long-temps recherché, tandis que, connu de tout le monde, il sera oublié dès demain. Le voici mot pour mot.

RAPPORT DE MM. LES MÉDICINS SUR LA MALADIE DE M. LE CONSEILLER D'ÉTAT B. DE C.

« Vers la fin de l'année 1814, les anciens médecins, à Paris, soussignés, furent appelés par les parens de M. B. de C., afin de connaître l'état de sa santé. Sur les divers rapports qui leur furent faits des écrits du malade, sur la liberté de la presse et sur la responsabilité des ministres, les médecins crurent apercevoir une légère tendance au *calcul girouettique*, maladie épidémique, et qui, depuis le 30 mars 1814, a fait en France des progrès alarmans ; cependant le malade jouissait encore de toutes ses facultés intellectuelles. Cet état parut se prolonger jusqu'au mois de mars 1815. A cette époque la maladie, sans quitter le siége du cerveau, parut se tourner en simple fièvre *antilibérale*, mêlée par intervalles d'une légère affection *furibondine*. Nous crûmes alors prudent d'interdire au malade toute communication extérieure, et nous avions prescrit l'usage des calmans ; les soporifiques étaient également ordonnés par nous, et le bureau du malade était couvert des feuilles publiques, telles que la *Gazette*, les *Débats*, la *Quotidienne*, le *Journal royal*, le feu *Mercure*, enfin de toutes les feuilles parisiennes, le *Nain Jaune* excepté. Mais la maladie devait faire son cours, les accès étaient terribles, et vers le 8 le malade donna des signes d'aliénation non équivoques ; il fit lui-même le bulletin de sa santé, et nous le fîmes insérer dans le *Journal de Paris*, du samedi 11 mars. Le voici :

» Nous avons été opprimés pendant douze années par un seul homme. Il a porté la dévastation dans toutes les contrées de l'Europe, et soulevé contre nous les nations étrangères. Accablés sous le nombre, nos défenseurs ont dû reculer ; les murs de Paris ont vu, pour la première fois depuis plusieurs siècles, flotter les bannières ennemies. L'auteur de tant de maux a déposé le pouvoir ; après avoir versé tous les fléaux sur notre patrie, il a quitté le sol de la France. Qui n'eût pensé qu'il le quittait pour toujours ?

» Tout à coup il se présente, il réclame ses droits ou ceux de son fils. Il promet aux Français la liberté, la victoire, la paix. Il redemande le trône.

» Ses droits ? quels sont-ils ? la légitimité héréditaire ? Mais une courte occupation de douze ans et la désignation d'un enfant pour successeur ne peuvent certes se comparer à sept siècles d'une possession paisible. Le vœu du peuple ? Mais si ce vœu doit être compté, n'a-t-il pas été unanime dans tous les cœurs pour rejeter Buonaparte ? Ainsi, dans aucune hypothèse, il ne peut réclamer des droits.

» Auteur de la constitution la plus tyrannique qui ait régi la France, il parle aujourd'hui de liberté ; mais c'est lui qui, durant quatorze ans, a miné et détruit la liberté. Il n'avait pas l'excuse des souvenirs, l'habitude du pouvoir ; il n'était pas né sous la pourpre. Ce sont ses concitoyens qu'il a asservis, ses égaux qu'il a enchaînés. Il n'avait pas hérité de la puissance ; il a voulu et médité la tyrannie ; quelle liberté peut-il promettre ? Ne sommes-nous pas mille fois plus libres que sous son empire ?

» Il promet la victoire, et trois fois il a délaissé ses troupes, en Egypte, en Espagne et en Russie, livrant ses compagnons d'armes à la triple agonie du froid, de la misère et du désespoir. Il a attiré sur la France l'humiliation d'être envahie ; il a reperdu les conquêtes que nous avions faites avant lui.

» Il promet la paix, et son nom seul est un signal de guerre. Le peuple assez malheureux pour le servir redeviendrait l'objet de la haine européenne ; son triomphe serait le commencement d'un combat à mort contre le monde civilisé.

» Il promet encore le maintien des propriétés, de ces propriétés surtout qu'attaquent follement les déclamations imprudentes de quelques écrivains désavoués. Mais cette parole même, il ne peut la tenir. Il n'a plus l'Europe à donner pour récompense, et les propriétés des Français devraient remplacer les richesses étrangères.

» Il n'a donc rien à réclamer ni à offrir. Qui pourrait-il convaincre, ou qui pourrait-il séduire ? La guerre intestine, la guerre extérieure, voilà les présens qu'il nous apporte.

» Contre un tel adversaire, le gouvernement n'a besoin ni de mesures extraordinaires, ni de précautions
ombrageuses, ni d'extension de pouvoir. La constitution
suffit à tout, et le roi lui a déjà rendu un solennel hommage, en appelant autour de lui les représentans de la
nation.

» Il appelle de même, avec la certitude d'en être en-
tendu, les hommes qui à toutes les époques ont versé
leur sang pour la patrie, et ceux qui ont entouré la monarchie des sauve-gardes de la liberté, et les Français
exilés auxquels il a rendu la terre qui les vit naître, et les
nouveaux propriétaires dont il a sanctionné les acquisi-
tions, et tous ceux qui pensent, et tous ceux qui sentent, et tous ceux qui chérissent les principes consti-
tutifs de la dignité de notre nature.

» Il est question de défendre une constitution dont les
avantages sont déjà connus, qui contient tous les moyens
d'amélioration, et qui deviendra chaque jour plus chère
au roi dont elle fait la sûreté, au peuple dont elle est la
garantie ; il est question de la défendre contre un régime
d'usurpation qui a pesé sur toutes les classes, sur tous les
individus, qui souleverait contre nous toute l'Europe, qui
réunirait au-dehors et au-dedans tous les genres de honte
et tous les genres de calamités.

» Peut-être cet appel est-il superflu. Déjà peut-être
le péril est conjuré. Mais s'il ne l'était pas, tous les Français courraient aux armes, défendraient leur roi, leur
constitution et leur patrie : et ceux-là ne seront pas les
derniers, qui, dans leur franchise et dans leur cons-
cience, ont pu censurer quelques mesures ou quelques
actes de l'autorité. Ils se précipiteront au premier rang,
car ils savent que, plus la liberté leur est chère, plus il
faut repousser Buonaparte, son éternel ennemi ; et ils
sont bien sûrs que le gouvernement qui même, dans un
moment de crise, a donné une double preuve de sagesse
et de force en respectant toutes les libertés, les chérirait
encore plus après la victoire, s'enorgueillerait de régir
un peuple libre, considérerait les droits de ce peuple
comme la plus précieuse de ses propres garanties, et
l'assentiment national comme la base et le salut du
pouvoir.

B. C.

» Depuis cette fatale époque jusqu'au 18 mars, nous
avons en vain épuisé tous les secours de la médecine. Les

accès *furibondins* reparaissaient chaque jour avec des redoublemens épouvantables ; enfin nous abandonnâmes le malade, et le lendemain 19 le *Journal des Débats* donna, dans les termes suivans, les signes non équivoques de son incurabilité.

» Les représentans de la nation ont porté aux pieds du trône l'expression de leur dévouement et de leur reconnaissance. Ils ont exprimé en même temps et l'admiration du peuple pour le courage de son monarque, et le désir de voir associer aux destinées de la France les hommes qui, depuis vingt-cinq années, ont à diverses époques défendu la patrie, la gloire et la liberté françaises, association salutaire, qui réunit toutes les opinions, efface les derniers vestiges des partis opposés, et entoure le roi constitutionel de ses véritables appuis, de ceux qui, en 1789, voulaient faire fleurir la liberté sous la monarchie, et qui, en 1815, veulent consolider la monarchie par la liberté. Ils sont en effet le boulevard des gouvernemens, ceux qui se rendent compte des motifs pour lesquels ils les défendent. Quand on ne demande qu'à servir le despotisme on passe avec indifférence d'un gouvernement à l'autre, bien sûr qu'on retrouvera sa place d'instrument sous le nouveau despotisme ; mais quand on chérit la liberté on se fait tuer autour du trône qui protége la liberté.

» Maintenant donc, rassurés sur toutes nos inquiétudes, heureux et fiers de la dignité, du courage, de la sincérité de notre monarque, redoublons d'efforts contre l'ennemi de la France, contre l'ennemi de l'humanité. Louis XVIII, par une confiance digne d'un roi de France envers des Français, loin de s'entourer de précautions ombrageuses, saisit le moment du danger pour rendre plus libérale encore la constitution qui nous régit. Appuyé sur cette base inébranlable, la seule qui de nos jours puisse donner aux gouvernemens de la force et de la durée, il se repose sur notre zèle, sur notre patriotisme, et sur ce courage éprouvé par l'Europe, et qui sera éternellement son admiration. Il s'agit de tous nos intérêts, de nos femmes, de nos enfans, de nos propriétés, de la liberté, de notre industrie, de nos opinions, de nos paroles et de nos pensées. L'homme qui nous menace avait tout envahi ; il enlevait les bras à l'agriculture ; il faisait croître l'herbe dans nos cités commerçantes ; il traînait aux extrémités du monde l'élite de la nation, pour l'abandonner ensuite aux horreurs de la famine et aux rigueurs des frimas : par sa volonté, douze cent mille braves ont péri sur la terre étrangère, sans secours, sans alimens, sans consolations, désertés par lui après l'avoir défendu de leurs mains mourantes. Il revient aujourd'hui, pauvre et avide, pour nous arracher ce qui nous reste encore. Les richesses de l'univers ne sont plus à lui, ce sont les nôtres qu'il veut dévorer. Son apparition est pour nous le renouvellement de tous les malheurs, est pour l'Europe un signal de guerre. Les peuples s'inquiètent, les puissances s'étonnent. Les souverains, devenus nos alliés par son abdication, sentent avec douleur la nécessité de redevenir nos ennemis. Aucune nation ne peut se fier à sa parole ; aucune, s'il nous gouverne, ne peut rester en paix avec nous.

» Du côté du roi est la liberté constitutionnelle, la sûreté, la paix ; du côté de Buonaparte, la servitude, l'anarchie et la guerre. Nous jouissons, sous Louis xviii, d'un gouvernement représentatif, nous nous gouvernons nous-mêmes. Nous subirions sous Buonaparte un gouvernement de Mamelucks, son glaive seul nous gouvernerait.

» Et qu'il me soit permis de relever une erreur qui sans doute n'affaiblirait pas les cœurs intrépides et les résolutions courageuses, mais qui pourrait ébranler les esprits incertains et les âmes vulgaires. On a dans nos journaux parlé de la clémence que promettait Buonaparte, et l'on s'est indigné de cette clémence. Mais cette promesse n'existe pas. J'ai lu ces proclamations d'un tyran déchu qui veut ressaisir le sceptre. Les mots de clémence ou d'amnistie ne s'y trouvent pas plus que ceux de constitution ou de liberté. Quelques paroles jetées dédaigneusement sur les écrits qui ont paru depuis le 31 mars, semblent, il est vrai, offrir à ceux qui ont attaqué la tyrannie renversée, la garantie du mépris ; mais ces paroles ne contiennent aucun engagement, elles laissent le champ libre à toutes les vengeances.

» Les proclamations de Buonaparte ne sont point celles d'un prince qui se croit des droits au trône ; elles ne sont pas même celles d'un factieux qui s'efforce de tenter le peuple par l'appât de la liberté : ce sont les proclamations d'un chef armé, qui fait briller son sabre pour exciter l'avidité de ses satellites, et les lancer sur les citoyens comme sur une proie. C'est Attila, c'est Gengis-kan, plus terrible et plus odieux, parce que les ressources de la civilisation sont à son usage ; on voit qu'il les prépare pour régulariser le massacre et pour administrer le pillage, il ne déguise pas ses projets ; il nous méprise trop pour daigner nous séduire.

» Et quel peuple, en effet, serait plus digne que nous d'être méprisé, si nous tendions les bras à ses fers ? Après avoir été la terreur de l'Europe, nous en deviendrions la risée ; nous reprendrions un maître que nous avons nous-mêmes couvert d'opprobre ! Il y a un an, nous pouvions nous dire entraînés par l'enthousiasme ou trompés par la ruse. Aujourd'hui nous avons proclamé que nos yeux étaient ouverts, que nous détestions le joug de cet homme. C'est contre notre vœu connu, déclaré, répété mille fois, que nous reprendrions ce joug effroyable ! nous nous reconnaîtrions nous-mêmes pour une nation d'esclaves ; notre esclavage n'aurait plus d'excuse, notre abjection plus de bornes.

» Et, du sein de cette abjection profonde, qu'oserions-nous dire à ce roi que nous aurions pu ne pas rappeler, car les puissances voulaient respecter l'indépendance du vœu national ; à ce roi que nous avons attiré par des résolutions spontanées sur la terre où déjà sa famille avait tant souffert ? Lui dirions-nous : « Vous aviez cru aux Français ; nous vous avons entouré d'hommages et rassuré par nos sermens. Vous avez quitté votre asile, vous êtes venu au milieu de nous, seul et désarmé. Tant que nul danger n'existait, tant que vous disposiez des faveurs et de la puissance, un peuple immense vous a étourdi par des acclamations bruyantes. Vous n'avez pas abusé de son enthousiasme. Si vos ministres ont commis beaucoup de fautes, vous avez été noble, bon, sensible. Une année de votre règne n'a pas fait répandre autant de larmes qu'un seul jour du règne de Buonaparte. Mais il reparaît sur l'extrémité de notre territoire, il reparaît, cet homme teint de notre sang et poursuivi naguère par nos malédictions unanimes. Il se montre, il menace, et ni les sermens ne nous retiennent, ni vos vertus ne nous imposent, ni votre confiance ne nous attendrit, ni la vieillesse ne nous frappe de respect. Vous avez cru trouver une nation, vous n'avez trouvé qu'un troupeau d'esclaves parjures.

» Non, tel ne sera pas notre langage ; tel ne sera du moins le mien. Je le dis aujourd'hui sans crainte d'être méconnu : j'ai voulu la liberté sous diverses formes ; j'ai vu qu'elle était possible sous la monarchie : je vois le roi se rallier à la nation ; je n'irai pas, misérable transfuge, me traîner d'un pouvoir à l'autre, couvrir l'infamie par le sophisme, et balbutier des mots profanes pour racheter une vie honteuse.

» Mais ce n'est point le sort qui nous attend. Ces guerriers qui, durant vingt-cinq années, ont couvert la France d'une immense gloire, ne seront pas les instrumens de la honte nationale, ils ne vendront pas leur patrie qui les a admirés et qui les chérit. Trompés un instant, ils reviendront aux drapeaux français, Affligés de quelques erreurs dont ils furent victimes, ils voient ces erreurs réparées. Ils ont pour guides leurs anciens chefs, leurs frères d'armes, ceux qui les conduisirent si souvent à la victoire, ceux qui, connaissant leurs services, aideront le monarque à les récompenser. L'égarement d'un jour doit être oublié. Ils ont peut-être ignoré leurs propres fautes. La nation les ignorera comme eux, pour se rappeler leur valeur admirable et leur immortelle renommée.

B. DE C.

» Les anciens médecins à Paris, soussignés, ont appris que le 20 mars un de leurs confrères, homme habile, et qui dans ce genre de maladie a fait les cures les plus nombreuses, avait radicalement guéri M. B. de C., en lui prescrivant la potion suivante :

 » Essence libérale. . . . . 3 onces.
 » Liqueur d'anti-Moine. . . . . . gros.
 » Le tout mêlé avec une forte dose de *bonus sensus.*

» Les soussignés rendent hommage au moderne Hyppocrate, et le reconnaissent pour leur souverain seigneur et maître.

» Délibéré à Paris, etc. » *Suivent les signatures.*

Si quelqu'un avait à réclamer sur les articles contenus dans cet écrit, qui *probablement* paraîtra une fois par semaine, *sans cependant que nous prenions aucune espèce d'engagement à cet égard, notre intention n'étant point de faire un journal;* enfin si quelques personnes avaient des observations à nous faire, nous prions d'adresser le tout (vu notre résidence momentanée à la campagne) par la poste, non autrement, et franc de port, à M. l'ERRATA, *chez M. Dézoide, libraire, rue Castiglione, n° 7.*